TAIZÉ
COMME À UNE SOURCE...

VLADIMIR SICHOV

TAIZÉ
COMME À UNE SOURCE...

AVEC DES TEXTES DE FRÈRE ROGER

CENTURION

Vladimir Sichov est né en Union soviétique. Installé à Paris depuis 1980, il travaille pour l'agence photographique Sipa-Press. Il a publié plusieurs livres illustrés et des reportages dans de nombreuses revues européennes et américaines: "Paris-Match", "Newsweek", "Life", "People", "Stern", "Bunte", "Vogue".
(Les photos des pages 31 et 28 sont de H. Lachmann et de J. Ramirez, certaines appartiennent à la communauté de Taizé).
Les textes qui accompagnent les photos ont été choisis dans divers ouvrages de frère Roger.

Édition originale parue sous le titre
Erlebnis Taizé

ISBN 3 451 21146 7

Pour l'édition française
ISBN 2 227 36041 0

41, rue François Ier, 75008 Paris

TAIZÉ, COMME A UNE SOURCE...

Feuilleter les pages de ce livre c'est comme cheminer sur la colline bourguignonne où, voici un demi-siècle, frère Roger, fondateur de Taizé, est allé s'installer.
On y découvre la communauté à laquelle il a donné naissance, formée de frères de plusieurs continents, de diverses confessions, qui prient, travaillent, accueillent et qui constituent une parabole de communion au cœur des déchirures de l'Église et de la famille humaine.
On y rencontre les jeunes de tous les continents qui, par dizaine de milliers, affluent depuis trente ans vers ce petit village. Ils vont y chercher la confiance et l'élan pour aller de l'avant. Ils participent aux trois prières quotidiennes avec les frères dans l'Église de la Réconciliation. Ils suivent chaque jour des rencontres qui leur permettent une recherche des sources de la foi. Ils partagent, dans des conditions de vie très simples, leurs questions et leurs expériences avec d'autres jeunes de tous les horizons. Ils nourrissent en eux une vie intérieure d'où jaillit la passion d'être solidaires avec toute la famille humaine, en particulier là où elle est blessée.
Une visite à Taizé amène à découvrir aussi la source d'un pèlerinage de confiance sur la terre animé par la communauté, qui va toujours plus loin à travers les continents, et qui demeure ouvert comme la fin de ce livre.

Un pèlerinage de confiance sur la terre

Si le Christ n'était pas ressuscité, nous ne serions pas ici, réunis pour des rencontres intercontinentales. Ressuscité, il nous communique une vie.
Nous cherchons avec passion le Christ, lui qui est présent pour tout être humain. En vue de rendre la terre habitable, il nous offre d'avancer dans un pèlerinage de confiance à travers la terre.

En choisissant le village de Taizé, j'étais seul. Dans le silence des déserts, la rencontre avec Dieu est tonifiée. L'être humain, dans sa solitude, serait-il plus sensible à une mystérieuse présence qui l'habite ?
Le 20 août 1940, arrivant dans ce désert humain, rien ne me laissait pressentir des jours où tant de jeunes viendraient à Taizé.
Et il y a aussi tous ceux qui sont au loin, en particulier ces jeunes qui sont nos très proches, réduits au silence, en prison, poursuivis à cause du Christ et de l'Évangile.
Avec eux tous, avec des humains de partout sur la terre, nous sommes appelés à vivre l'inespéré.
Une question nous est souvent posée: pourquoi tant de jeunes de tous les continents à Taizé ? Avec mes frères, il nous arrive de nous dire: nous savons très peu pourquoi, Dieu nous le dira au jour du face-à-face de la vie d'éternité.
Quand, à quelques frères, chaque soir de l'année, hiver comme été, nous restons dans l'église après la prière commune pour écouter des jeunes dans le seul à seul, une des préoccupations qui nous habitent est celle-ci : qu'y a-t-il sous leur cœur ? Par quoi sont-ils noués ? Puis apparaît une nécessité encore plus importante: quels sont leurs dons particuliers ? Comment les découvrir ?
Nous savons qu'ils ne viennent pas ici pour un quelconque tourisme. Ce serait se tromper d'adresse. La plupart d'entre eux sont arrivés avec une même question : comment comprendre Dieu ? Comment savoir ce que Dieu veut pour moi ?

C'est un petit village bourguignon habité surtout de personnes âgées qui vit arriver frère Roger au début de la Seconde Guerre mondiale. L'église romane du XIIe siècle était alors désaffectée. Encore seul, il cachait des réfugiés politiques, juifs notamment, qui fuyaient le nazisme. Depuis la fin des années 1950, des jeunes et des moins jeunes de tous les horizons se rendent à Taizé pour y passer une semaine de prière et de réflexion.

En arrivant, chaque jeune est brièvement introduit à la semaine de rencontre.

Chaque jour frère Roger et d'autres frères écoutent des jeunes dans le seul à seul.

Toi qui es venu à Taizé, sache que tu es reçu par des frères engagés pour toute la vie par des vœux monastiques. Tu es venu pour rejoindre d'autres jeunes de tous les continents et pour aller avec eux aux sources de Dieu par la prière, le silence de la contemplation, une recherche.

Tu es venu à Taizé pour découvrir un sens à ta vie. Un des secrets du Christ, c'est que, le premier, il t'a aimé. Là est le sens de ta vie : être aimé pour toujours, être revêtu du pardon de Dieu et de sa confiance comme d'un vêtement. Ainsi tu peux prendre le risque de donner ta vie.

Les rencontres se déroulent sur un espace restreint. Trois fois par jour, les cloches appellent à la prière commune dans l'Église de la Réconciliation qui doit souvent être agrandie par des chapiteaux.

Matin, midi et soir se déroule la longue file pour recevoir le repas. Occasion de poursuivre les échanges.

Chaque fois que, passant sur les chemins près de Taizé, je vois des jeunes aller et venir, je me surprends à dire : quels visages de confiance ! La confiance placée en eux est rarement contredite. Elle porte à aller de l'avant.
J'ai confiance dans les intuitions des jeunes de tant de pays qui se rencontrent ici, repartent, cherchent, prient, reviennent. Oui, j'irais jusqu'aux extrémités de la terre, j'irais jusqu'au bout du monde s'il le faut, pour dire et redire ma confiance dans les nouvelles générations.

En une année, les rencontres intercontinentales réunissent des jeunes d'une centaine de nations. Ceux d'Europe de l'Est, de plus en plus nombreux, et ceux d'Europe de l'Ouest, se retrouvent avec des jeunes venus des pays les plus lointains. Les jeunes européens assument les frais de voyages de ceux des continents du Sud.

Toute ma vie j'ai souhaité ne jamais condamner personne. L'essentiel, vis-à-vis de quiconque, a toujours été de chercher à tout comprendre plutôt qu'à être compris. Et pour comprendre, les visages comptent plus encore que les paroles.
Chaque être humain est unique. En chaque personne humaine il est possible de voir le visage même du Christ. Rien alors n'est plus beau qu'un visage rendu transparent par toute une existence de combats et de luttes. Il n'y a que de beaux visages, les visages tristes comme les lumineux. Ma vie, c'est de discerner dans les autres ce qui les ravage, ce qui les réjouit, c'est de communier à la souffrance et à la joie des autres.

Matin de Pâques : des jeunes échangent
avec frère Roger la salutation pascale.

Accueillir avec mes frères tant de jeunes à Taizé, c'est avant tout être pour eux des hommes d'écoute, jamais des maîtres spirituels.
Oui, se refuser à capter quiconque pour soi-même. La Vierge Marie indique un geste d'offrande, elle n'a pas gardé son fils pour elle-même, elle l'a offert au monde.

La vie des rencontres intercontinentales est simple mais festive.

Il faut si peu pour vivre, si peu pour accueillir. Quand tu accueilles, l'abondance des biens retient plus qu'elle n'épanouit l'hospitalité. Autour de ta table l'esprit de fête transparaît dans la simplicité. Le partage entraîne à faire de ta demeure un lieu de paix, un lieu de bienveillance. L'esprit de pauvreté de l'Évangile est aussi de tout disposer avec imagination dans la beauté simple de la création. Il ne supporte pas le rigorisme.
Simplifier et partager, ce n'est pas opter pour la triste austérité. Simplifier pour vivre intensément, dans l'instant : tu y trouveras le goût de la vie, tellement lié au goût du Dieu vivant. Simplifier et partager, c'est s'identifier au Christ Jésus né pauvre parmi les pauvres.
Ne te mets pas en souci si tu as très peu à partager : une foi si petite, peu de biens. Dans le partage de ce peu, Dieu t'offre une surabondance, intarissablement.

Les enfants : un tel bonheur et un tel mystère dans nos vies ! Qui dira assez tout ce qu'ils peuvent transmettre, à travers des dons inconnus par eux et déjà déposés en eux par l'Esprit Saint ? Ils nous font comprendre quelque chose du Dieu vivant par la confiance qu'ils nous témoignent, par une parole ou une question qu'ils nous adressent, tellement inattendues qu'elles nous éveillent à une vie en Dieu. Que se réjouisse le cœur simple, heureux qui a un cœur d'enfant ! Toutes les réalités de Dieu sont en lui.

L'esprit d'enfance est avant tout simplicité. Il est aussi confiance du cœur, étonnement. Si l'enfance n'a pas le monopole de la confiance, en elle se trouve une part d'innocence qui, blessée, marque l'existence. Tout s'est inscrit comme sur une plaque de cire encore molle. Pour Dieu, l'être humain est sacré, consacré, par l'innocence blessée de l'enfance.

L'esprit d'enfance est un regard limpide. Loin d'être simpliste, il est aussi lucide. Les aspects divers d'une situation, les éléments positifs comme les revers, ne lui sont pas étrangers. Il n'a rien d'infantile. Il est pétri de maturité. Il suppose un infini courage.

De nombreuses familles passent à Taizé une semaine d'été. Chaque jour, pendant la prière commune, des enfants s'avancent, une bougie à la main, pour allumer les mèches d'une lampe à huile placée sur un lampadaire. Pendant ce temps, on chante un chant qui célèbre la lumière du Christ. C'est un symbole venu d'Asie.

Réfléchissant à un départ prochain pour aller vivre un temps dans un pays pauvre des continents du Sud, un souvenir des débuts à Taizé revient à la mémoire. Je rentrais à pied d'un village voisin. Sur la route je croisai un homme jeune qui portait sur lui une pauvreté visible. Une question vint avec force : et toi, seras-tu jamais comme lui ? N'as-tu pas toujours quelqu'un sur qui t'appuyer ? La pauvreté n'est-elle pas de n'avoir personne avec qui parler quand tout vient à manquer ? Seras-tu aux côtés de ceux qui sont à ce point démunis ? La réponse s'imposait. J'ai choisi. Depuis, je me suis demandé : qui ai-je rencontré... ? Aujourd'hui je crois savoir. En cet homme, le Christ était le plus présent qui puisse être.

Vie intérieure et solidarités humaines

Toi qui voudrais être porteur d'un feu jusque dans les nuits de l'humanité, laisseras-tu grandir au-dedans de toi une vie intérieure qui n'a ni commencement ni fin ? Elle est une terre de feu. Du coup, tu deviendras un ferment de confiance et de paix jusque dans les déserts de la communauté humaine. À travers le monde, tant d'autres avec toi, croyants ou non-croyants, déjà cherchent à être levain de confiance entre les peuples. Aspirant à une guérison des déchirures entre le Sud et le Nord, entre l'Est et l'Ouest, ils se dressent parmi les humains comme des signes de l'inespéré.

Frère Roger et quelques frères vont chaque année vivre un temps dans un quartier pauvre d'une ville d'un continent du Sud. Ici Calcutta.

Nous sommes venus vivre dans un quartier de Calcutta pour être au milieu de ceux qui connaissent la condition humaine la plus répandue sur la terre, la pauvreté. Les nuits sont brèves, les bruits de la rue intenses. En deux ou trois jours, un dépouillement de notre vie s'est accompli. Les gens du quartier sont surpris que des étrangers acceptent de coucher par terre.
Travail au mouroir. Qu'offrir si ce n'est d'abord un amour humain ? Passer de l'un à l'autre, s'attarder auprès de chacun, leur dire qu'ils sont nos frères, nos amis, nos fils pour les plus jeunes.
A Calcutta, il y a des mouroirs visibles... mais dans une civilisation occidentale, beaucoup de jeunes se trouvent dans de véritables mouroirs invisibles ; marqués par des abandons humains, des brisures familiales qui les atteignent jusque dans leurs profondeurs, certains sont comme des morts vivants. Et il y a aussi des personnes âgées qui doivent terminer leur vie dans l'isolement, comme s'il ne leur restait pas d'autre issue que d'attendre la mort. Qui ira baiser leurs mains usées quand disparaît à leurs yeux le sens de la vie ?

Devant la baraque de Mathare Valley.

Nairobi. Le bidonville où nous avons souhaité habiter s'appelle Mathare Valley. C'est le plus grand slum de la ville. Le plus pauvre d'Afrique, au dire de certains. Cent mille personnes y sont entassées sur la pente d'un vallon. On nous a répété que c'était un quartier dangereux, où régnaient la peur, la violence, l'alcoolisme, le vol, et qu'il ne serait pas possible d'y habiter, aucun Blanc n'ayant vécu à l'intérieur.

Nous y sommes restés plus d'un mois et quitter les habitants si accueillants du bidonville n'est pas allé de soi. Heureusement, quelques-uns de mes frères ont continué à vivre dans la même baraque plusieurs années.

Pourquoi partager ainsi l'existence des plus délaissés ? Ce n'est ni par goût, ni par inclination naturelle, mais pour faire passer dans notre vie les conditions humaines des plus éprouvés. Comment pourrions-nous appeler à une solidarité avec les pauvres tout en restant nous-mêmes immobiles?

Quand certains de mes frères vivent de longues années au milieu des plus pauvres, cette présence n'est jamais pour réactiver le processus qui consiste à venir depuis l'hémisphère nord apporter des solutions occidentales, si valables soient-elles. Nous savons trop combien ceux de l'hémisphère sud redoutent des relations de dépendance. Si nous y allons, c'est pour vivre une présence de gratuité.

A la question : "Y allons-nous sans aucune intention d'efficacité ?", nous répondrions : "Non". Si nous ne cherchons pas une efficacité immédiate en apportant, avec de l'argent, les solutions bien élaborées de l'occident, nous voulons au contraire soutenir des jeunes qui, sur place, prennent des initiatives inspirées par leur culture et leur génie propres, provenant des profondeurs mêmes de leurs peuples. Ces jeunes existent. Ils ont des suggestions concrètes. Comme les jeunes Européens, ils connaissent parfois le découragement face aux impossibilités et eux aussi risquent de basculer dans le scepticisme qui les conduit soit à la passivité, soit à la violence.

S'enfoncer dans des bidonvilles auprès d'eux, c'est avant tout pour y vivre une parabole de communion, toujours avec des moyens très pauvres. Et cela en présence de la réserve eucharistique qui fait d'une pauvre baraque un lieu tellement habité. S'enfoncer dans des bidonvilles, c'est partager les mêmes conditions qu'eux tous et attendre avec eux un événement de Dieu pour leurs peuples.

Le Cap, en Afrique du Sud. Dans un quartier noir toute une foule s'est réunie pour une prière. Ils chantent. Comme aucune autre expression, les voix humaines traduisent l'appel des profondeurs.
Ils nous accueillent et me passent le micro. Je fais allusion à cet homme de Dieu africain que mes parents avaient un jour rencontré. J'avais cinq ans. Il m'avait béni. Depuis, ma mère disait souvent : "En Europe, la foi s'en va, mais d'Afrique reviendra l'Évangile dans sa fraîcheur." Je les assure qu'aujourd'hui cette bénédiction d'autrefois trouve un accomplissement.
Un autre parle ensuite. Mais je me dis : mes paroles ont été si peu de chose. Aux deux frères qui sont là, je demande s'il faut reprendre le micro. Ils acquiescent. Je tente alors d'exprimer par un geste ce qui emplit le cœur en expliquant à ces Africains : "Je voudrais vous demander pardon, non pas au nom des Blancs, je ne le pourrais pas, mais parce que vous souffrez pour l'Évangile et nous devancez dans le Royaume de Dieu ; je voudrais passer de l'un à l'autre pour que chacun de vous fasse dans ma main le signe de la croix, le signe du pardon du Christ." Ce geste est aussitôt compris. Tous le font, même les enfants. Cela dure un temps qui semble infini. Spontanément éclatent des chants de résurrection.

Au Sahel africain.

A travers le monde, l'innocence des plus jeunes est si souvent blessée, quand leurs intentions les plus sincères sont défigurées, quand leur amour est rejeté. A la fin d'un séjour à Haïti, dans un bidonville de misère, un enfant qui ne possédait rien, même pas un seul vêtement, me demandait avec insistance : "Prends-moi avec toi !" Et autour de lui les enfants s'exclamaient : "Oui, il n'a pas de maman, pas de père." Dans ce bidonville, tant de visages laissaient transparaître chaque jour un reflet du Christ sur la croix.

A Haïti, nous allions aussi chez une vieille femme noire qui ouvre sa maison aux plus pauvres. Un jour, cette femme emplie de compassion priait : "Je souffre parce que nous avons à peine aidé une détresse humaine que déjà une autre personne est là, avec une autre souffrance." Être des vivants, c'est aimer avec la compassion du cœur, comme cette vieille femme.

Dans l'hémisphère Nord, il y a aussi des abandons humains, mais ceux-là sont plus cachés, peu visibles. Ainsi, un tout jeune d'une grande ville disait à propos de la parabole du fils prodigue : "Dans ma famille, ce n'est pas moi, le fils, qui suis parti, c'est mon père qui nous a laissés."

Le Christ ressuscité, qui vit dans le rayonnement de Dieu, est en même temps en agonie, aujourd'hui, demain et jusqu'à la fin du monde avec tous ceux qui traversent la souffrance. Ainsi pour comprendre la mort de Jésus sur la croix, il importe de saisir d'abord qu'il est ressuscité et qu'à chaque moment il vient nous rencontrer tels que nous sommes. Il descend jusqu'au plus bas de notre condition humaine. Il prend sur lui ce qui nous fait mal. Il est là pour ceux que le mépris et la violence haineuse font traverser comme de petites

Vivre la Pâque avec le Christ

Ramené de Moscou un nouveau symbole : le vendredi soir, mettre l'icône de la croix au sol, aller placer son front sur le bois de la croix, déposer en Dieu, par une prière du corps, ses propres fardeaux et ceux des autres. Être ainsi en communion avec le Ressuscité qui continue à accompagner ceux qui connaissent l'épreuve à travers la terre.
Si les jeunes, rentrés chez eux, dans une fidélité de toute la vie, se retrouvaient chaque semaine avec d'autres pour prier autour de la croix, ils engageraient le peuple de Dieu à devenir peuple contemplatif.

Chaque vendredi soir à Taizé a lieu la prière autour de la croix. Elle donne d'être en communion invisible non seulement avec le Crucifié mais avec ceux qui souffrent, qui sont abandonnés, poursuivis ou torturés, condamnés au silence. Elle permet de confier silencieusement au Christ nos propres fardeaux et aussi tout ce qui pèse sur d'autres, près de nous ou au loin, les opprimés, les démunis, les malades, les persécutés. Cette prière est née parmi des jeunes des pays d'Europe de l'Est.

Seigneur Christ, aurions-nous la foi jusqu'à transporter les montagnes, sans la vivante charité que serions-nous ?
Toi tu nous aimes.

Sans ton Esprit qui habite en nos cœurs, que serions-nous ?
Toi tu nous aimes.

En prenant tout sur toi, tu nous ouvres un chemin vers la foi, vers la confiance en Dieu, lui qui ne veut ni la souffrance, ni la détresse humaine.

Esprit du Christ ressuscité, Esprit de compassion, Esprit de la louange, ton amour pour chacun ne s'en ira jamais.

Esprit du Dieu vivant, quand le doute et les hésitations à t'accueillir sembleraient tout submerger, tu es là, présent pour chaque être humain sans exception.

Tu animes le feu qui, au-dedans, couve sous nos cendres. Ce feu tu le fais brûler avec nos propres épines, avec ce qui nous fait mal de nous-mêmes et des autres, au point que même les pierres de notre cœur par toi peuvent devenir incandescentes, lumière dans notre ténèbre, aurore dans notre obscurité.

Si tu n'étais pas ressuscité, Seigneur Christ, à qui irions-nous pour découvrir un rayonnement de la face de Dieu ?

Si tu n'étais pas ressuscité, nous ne serions pas ensemble à chercher ta communion. Nous ne trouverions pas auprès de toi le pardon, la réconciliation, ces sources d'un recommencement.

Si tu n'étais pas ressuscité, où puiserions-nous les énergies pour te suivre jusqu'au bout de l'existence, te choisir encore et à nouveau jusqu'à l'entrée dans la vie d'éternité ?

Toi, le Dieu vivant, dans nos obscurités tu allumes un feu qui ne s'éteint jamais.

A travers l'esprit de la louange, tu nous tires hors de nous-mêmes. A nous, des pauvres de Dieu, tu as confié un mystère d'espérance.

Dans l'humaine fragilité, tu as déposé une force spirituelle qui ne se retire jamais. Même quand nous l'ignorons, elle demeure là, prête à nous porter en avant. Et même si notre cœur nous condamne, toi tu es tellement plus grand que notre cœur.

Oui, dans nos obscurités, tu allumes un feu qui ne s'éteint jamais.

Chaque samedi soir, une fête de la lumière pascale permet de célébrer la résurrection qui, pour chacun, commence invisiblement déjà sur la terre. Pendant un chant de résurrection, on allume la petite bougie que chaque personne a reçue en entrant : signe de la lumière du Christ, signe aussi de la vocation des chrétiens à être enfants de lumière.

Dans l'Église de la Réconciliation se trouve
la copie de cette icône copte d'Égypte du
VIIe siècle : le Christ met son bras sur
l'épaule d'un ami. Par ce geste, il prend sur
lui les fardeaux, les fautes, tout le poids qui
pèse sur l'autre. Il n'est pas en face de son
ami, il avance à ses côtés, il l'accompagne.
Cet ami, c'est chacun de nous.

Inlassablement le Christ nous cherche et nous travaille. Sans relâche, il nous interroge : m'aimes-tu ? M'aimes-tu plus que quiconque ? C'est que la relation avec lui est une amitié. Et de même que toute amitié connaît des temps d'indifférence, il y a dans notre vie des périodes d'indifférence au Christ. Toute amitié se vit au prix de ces recommencements que sont les réconciliations. En nous laissant réconcilier avec le Christ, nous le découvrons comme à nouveau : lui, amour de tout amour, malmené, blessé, rejeté par beaucoup et pourtant jamais lassé de nous accompagner.

Une parabole de communauté

Frère qui te confies en la miséricorde de Dieu, le Seigneur Christ, dans la compassion et dans l'amour qu'il a de toi, t'a choisi pour être dans l'Église un signe de l'amour fraternel. Il veut que tu réalises avec tes frères la parabole de la communauté.
Ainsi, renonçant désormais à regarder en arrière, et joyeux d'une infinie reconnaissance, n'aie jamais crainte de devancer l'aurore pour louer et bénir et chanter le Christ ton Seigneur.

Face à l'urgence d'une présence d'Évangile au cœur de la famille humaine, nous sommes conscients de la disproportion entre notre communauté et les vastes horizons qui s'ouvrent en cette veille d'un nouveau millénaire.

Qui es-tu, petite communauté ? Un instrument d'efficacité ? Non, jamais. Si beau soit-il.

Serais-tu un groupe d'hommes, réunis pour être humainement plus forts, en vue de réaliser leur propre projet ? Pas davantage.

Mènerions-nous alors la vie commune pour nous trouver bien ensemble ? Non. La communauté en viendrait à avoir son but en elle-même, et cela permettrait de s'y faire de petits nids. Être heureux ensemble ? Certes oui, mais dans l'offrande de nos vies.

Qui es-tu petite communauté répartie en divers lieux du monde ? Une parabole de communion, un simple reflet de cette unique communion qu'est le Corps du Christ, son Église, et par là aussi un ferment dans la famille humaine.

A quoi es-tu appelée ? Dans notre vie commune, il n'est possible d'avancer qu'en redécouvrant encore et toujours le miracle de l'amour, dans le pardon quotidien, la confiance du cœur, un regard de paix porté sur ceux qui nous sont confiés... S'éloigner du miracle de l'amour et tout se perd, tout se dissipe.

Petite communauté, quel peut bien être le désir de Dieu pour toi ? Être rendue vivante par l'approche de la sainteté du Christ.

Rencontre de jeunes frères dans la chambre
de frère Roger. La communauté compte
90 frères catholiques et d'origine
évangélique de plus de 20 nations.

Qui saura saisir tout ce que traduit le regard ? J'écoute un frère. Les mots se succèdent avec hésitation. S'il n'y avait que les mots, je ne comprendrais pas tout. Le regard, lui, révèle un combat, le refus de se servir soi-même au détriment de l'autre.
Ce matin, au cours de la prière commune, je réalisais tout à coup la qualité de mes frères et j'en étais touché aux profondeurs. Ils donnent leur vie, toute leur vie. Ils paient chèrement le prix de leur engagement. Je le comprends mieux que quiconque. Alors je ne sais plus si mon admiration va à mes frères ou au Christ qui les a marqués.

Frère Roger avec Marie-Sonaly, sa filleul

Veux-tu, par amour du Christ, te consacrer à lui de tout ton être ? – Je le veux.
Veux-tu accomplir désormais le service de Dieu dans notre communauté, en communion avec tes frères ? – Je le veux.
Veux-tu, renonçant à toute propriété, vivre avec tes frères non seulement dans la communauté des biens matériels mais encore dans celle des biens spirituels en t'efforçant à l'ouverture de cœur ? – Je le veux.
Veux-tu, pour être plus disponible à servir avec tes frères et pour te donner sans partage à l'amour du Christ, demeurer dans le célibat ? – Je le veux.
Veux-tu, pour que nous ne soyons qu'un cœur et qu'une âme et pour que notre unité de service se réalise pleinement, adopter les options de communauté s'exprimant par le serviteur de communion, te rappelant qu'il n'est qu'un pauvre serviteur dans la communauté ? – Je le veux.
Veux-tu, discernant toujours le Christ en tes frères, veiller sur eux dans les bons et les mauvais jours, dans la souffrance et dans la joie ? – Je le veux.

Après trois ou quatre ans de préparation, chaque frère prend pour toute la vie les engagements monastiques.
L'Esprit de Dieu est appelé sur le nouveau frère.

Frère, ta louange et ton service sont désormais intégrés dans une communauté fraternelle, elle-même incorporée à l'Église. En ta recherche intérieure, si nécessaire à ta vie chrétienne, tu es stimulé par l'entraînement commun. Tu n'es désormais plus seul. Tu dois compter en tout avec tes frères.
Le Seigneur Christ vient en aide à ta faible foi et s'engageant avec toi, il accomplit pour toi la promesse: il n'y a personne, en vérité, qui ayant quitté maison, frères, sœurs, mère, père, femme, enfant, à cause de moi et à cause de l'Évangile, ne reçoive cent fois davantage, maintenant dans le temps présent des maisons et des frères et des sœurs et des mères et des enfants avec des persécutions et, dans le siècle à venir, la vie éternelle.
C'est là une voie opposée à toute raison humaine, mais comme Abraham tu n'y peux avancer que par la foi et non par la vue, assuré toujours que celui qui aura perdu sa vie à cause du Christ la retrouvera.
Marche désormais sur les traces du Christ. Ne te mets pas en souci du lendemain. Cherche premièrement le Royaume et sa justice. Abandonne-toi, donne-toi, et il sera versé en toi une bonne mesure, pressée, secouée, débordante, car on se servira pour toi de la mesure avec laquelle tu auras mesuré.
Que ta vie intérieure ne te donne pas un air triste, comme quelqu'un qui affiche un visage tout défait pour se faire voir des hommes. Oins ta tête, lave ton visage afin que seulement ton Père qui est dans le secret connaisse l'intention de ton cœur.
Aie le souci de communion humaine avec ton prochain.

Au pied de la
colline, près
d'une ancienne
source, se trouve
un ermitage où
les frères vont
souvent prier.

Seigneur Christ, doux et humble de cœur, nous entendons ton timide appel : "Toi, suis-moi."
Tu nous adresses vocation pour qu'ensemble nous vivions une parabole de communion et qu'ayant pris le risque de toute une vie, nous soyons ferments de réconciliation dans cette irremplaçable communion qu'est l'Église.
Donne-nous d'y répondre courageusement, sans nous enliser dans les marécages de nos hésitations. Viens, que nous soyons comme suspendus au souffle de ton Esprit, à l'unique essentiel en dehors duquel rien ne nous pousse à reprendre notre marche.
A qui sait aimer, à qui sait souffrir avec toi, tu demandes de se quitter soi-même pour te suivre. Quand, pour aimer avec toi et non sans toi, il s'impose d'abandonner tel projet contraire à ton dessein, viens toi le Christ, nous ouvrir à la paisible confiance : que nous sachions que ton amour ne s'en ira jamais, et que te suivre c'est donner notre vie.

A l'ermitage
de la source.

Un frère dans sa chambre

Sois parmi les hommes un signe d'amour fraternel et de joie. Ouvre-toi à ce qui est humain et tu verras s'évanouir tout vain désir de fuite du monde. Sois présent à ton époque, adapte-toi aux conditions du moment. Ô Père, je ne te prie pas de les ôter du monde, mais de les préserver du mal. Aime les déshérités, tous ceux qui, vivant dans l'injustice des hommes, ont soif de justice ; Jésus avait pour eux des égards particuliers ; ne redoute jamais d'être gêné par eux.
Aime ton prochain quel que soit son horizon religieux ou idéologique. Ne prends jamais ton parti du scandale de la séparation des chrétiens confessant tous si facilement l'amour du prochain, mais demeurant divisés. Aie la passion de l'unité du Corps du Christ.

Le repas
de la communauté

Avoir des frères partageant au loin l'existence de ceux qui connaissent une situation infrahumaine, c'est comme si la chair de notre chair avait pénétré dans le peuple le plus pauvre.
Écrit à l'un d'entre eux : "Si nous n'avions pas une présence comme la vôtre dans ce bidonville où vous vivez, la sainteté du Christ que nous cherchons serait peut-être une vie sainte mais tournée sur elle-même. Où serait la poussée vers la catholocité de l'Église ? Comme jamais tu avances sur ce chemin. A travers ce que tu vis nous n'abandonnons pas à leur sort les plus blessés de la famille humaine."
Écrit à un autre frère qui vit dans un autre continent : "Si la plume pouvait traduire notre communion, il me faudrait du feu pour t'écrire."
Au milieu des contradictions où nous situe notre vocation, le courage de ce frère me porte en avant.

Les frères ne vivent pas tous à Taizé.
Certains, en petites fraternités, partagent dans la plus grande simplicité les conditions d'existence de quartiers pauvres en Amériques du Nord et du Sud, en Afrique, en Asie...

Pour notre communauté, avoir des frères venant de continents lointains est à la fois un accomplissement et un commencement.
C'est l'accomplissement d'un signe d'universalité que nous attendions. Il est plus indispensable aujourd'hui qu'hier, quand on sait combien il est ardu de déposer un levain de communion au cœur de la famille humaine. Ces hommes jeunes, nos frères, quittent leur famille, leur pays. Ils partent comme Abraham qui "ne savait pas où il allait". Ils accomplissent un acte pur de la foi, au-delà de l'explication humaine. Dans leur pays, l'Occident représente souvent une force redoutable.
L'infinie confiance de ces hommes nous pousse en avant. Alors leur présence devient un commencement. Nous voudrions non pas les accueillir mais laisser le Christ nous accueillir par eux.

La communauté, à Taizé ou en fraternités, n'a aucun capital en réserve. Les frères n'acceptent ni dons, ni cadeaux, ni même leurs propres héritages personnels. Ils vivent uniquement de leur travail.

Aux sources de la Foi

“On passe à Taizé comme on passe près d’une source.”
(Le Pape Jean-Paul II à Taizé.)

Ceux qui le souhaitent peuvent passer toute la semaine en silence. A côté de l'Église de la Réconciliation se trouve une chapelle où coule une source d'eau, rappel du baptême, du pardon du Christ, humble lieu de prière pour la guérison du cœur (voir photo page suivante).

Aujourd'hui, où en serions-nous si des femmes, des hommes et aussi des enfants ne s'étaient pas levés, quand l'humanité était vouée au pire ? Ils ont été attentifs au bel espoir humain et à une invisible présence... Ils ont su discerner un chemin, pour franchir les oppositions entre personnes, et aussi traverser les murailles séparant des nations, des familles spirituelles, des races.
Et toi, t'enfoncerais-tu dans le découragement comme Elie, ce croyant des temps anciens qui, certain de ne plus rien pouvoir pour son peuple, s'était laissé tomber sous un arbre pour s'endormir et oublier ? Ou bien seras-tu du nombre de ces femmes, ces hommes, ces enfants qui se sont levés ?

Toi qui aspires à suivre Jésus, le Christ, te trouverais-tu comme jeté seul dans un désert humain, sans personne avec qui partager la confiance de la foi ?
Le Ressuscité vient t'arracher à l'isolement en te donnant de prendre appui sur la confiance de ses témoins, depuis Marie et les Apôtres, jusqu'à ceux d'aujourd'hui. Alors, pour toi cette prière: “Seigneur Christ, donne-moi d'être un vivant dans ce mystère de communion qu'est l'Église ; donne-moi, jour après jour, de me disposer intérieurement à faire confiance au Mystère de la Foi. Toi le Christ, ne regarde pas mes péchés mais la foi de ton Église.”
Ce que, solitaire, tu ne parvenais pas à accomplir est rendu possible dans cette communion... et la sainteté du Christ n'est plus l'inatteignable, elle est tout près de toi... en toi.

Dans la diversité des langues,
des expériences et des origines,
tous cherchent à aller aux sources
de la foi. Tous les jours des frères
de la communauté donnent
une introduction biblique.

Tout au long du jour et même de nuit, des jeunes prient en silence dans l'Église de la Réconciliation ou aussi dans l'Église romane du village. La réserve eucharistique se trouve dans les deux lieux de prière.

Bien souvent un homme ou une femme qui ont osé prier seuls dans une église ont été pour d'autres, par leur persévérance, un vivant appel. Il suffit d'un seul, et un jour beaucoup sont entraînés.

Le perçois-tu ? Le discernes-tu ? Quand ta nuit se fait dense, son amour est un feu. Ce feu, peut-être est-il sous la cendre et n'éclaire-t-il plus. Envahi par un doute, peut-être t'interroges-tu : où donc est Dieu ? Demeurerait-il silencieux ?
Jamais absent de ta vie, l'Esprit du Ressuscité est toujours en toi. Le savoir suffit pour se tenir en éveil. Et l'humble confiance en lui vient déchirer ta propre nuit.

Avec mes frères, si nous regardions seulement ce que nous voyons à Taizé, nous pourrions être enthousiastes. Tant de jeunes viennent sur notre colline, même en hiver. Nous constatons leur soif de prière. Que d'heures ils passent dans l'Église, avec ou sans nous !
Pourtant, voyageant, préparant des rencontres dans des pays très différents, nous le savons : beaucoup cherchent le Christ, mais en le prenant isolément ; le Christ dans la communion de son Corps est délaissé. Le sens du mystère de l'Église s'efface.
S'il n'y avait pas ce délaissement du Christ dans la communion de son Corps, son Église, nous n'engagerions pas tant d'énergies, avec mes frères, pour rassembler des jeunes, pour nous interroger avec eux, non seulement à Taizé, mais aussi ailleurs, à travers l'Europe de l'Ouest et de l'Est, ou sur d'autres continents.

Ceux qui à Taizé se sont retrouvés sur un même chemin rapportent chez eux les expériences échangées et les partagent avec d'autres. Ils ne forment pas un mouvement organisé. Chacun est appelé à s'engager dans son milieu de vie, en particulier dans la paroisse, et à y construire la confiance : avec ceux d'une autre génération, face aux inconséquences des divisions entre les chrétiens, aux déchirures entre les peuples. Venant de pays où la foi des jeunes est souvent plus vivante, ceux des continents du Sud peuvent participer à une nouvelle évangélisation de l'Europe, à la naissance d'un printemps de l'Église. Après un temps de préparation à Taizé ils vont, accompagnés de jeunes Européens, passer quelques semaines dans des paroisses d'Europe.

Pour un printemps dans l'Église

En été, il m'arrive le soir de marcher seul sous un ciel chargé d'étoiles, alors que des milliers de jeunes séjournent sur la colline. Et je me dis : les multiples intuitions des jeunes sont comme ces luminaires dans la nuit. Non, je ne crains pas pour l'avenir. Un printemps de l'Église est à la porte. Bientôt, il nous réchauffera par un feu.

Si nous nous réunissons chaque année pour une rencontre européenne de jeunes, venus des pays d'Europe et aussi d'autres continents, c'est que nous sommes chercheurs d'une communion et que nous voulons entrer dans une création commune. Nous voudrions tant que chacun, de retour chez soi, même avec presque rien, puisse participer à un pèlerinage de confiance sur la terre.
Comment créer avec ceux de tous les âges, vieux, enfants ? Nous mettre en marche, seuls ou à quelques-uns, là où chacun vit. Faire comme de petits pèlerinages d'une personne à une autre. Se visiter, célébrer ensemble le mystère pascal. Et de multiples ruisseaux se rejoindront en un vaste fleuve.
Commencer d'abord au-dedans de soi un pèlerinage intérieur. Un jour, il sera le pèlerinage de toute une vie.

A la fin de chaque année, pendant six jours, une rencontre européenne réunit dans une grande ville 20 à 30.000 jeunes d'Europe de l'Est et de l'Ouest, accueillis dans les paroisses et priant dans les cathédrales. Ce sont des moments forts du pèlerinage de confiance sur la terre.
A Londres, la prière commune se déroule simultanément dans quatre cathédrales (page 75 : cathédrale anglicane Saint-Paul de Londres).
A Barcelone, la prière est célébrée en même temps dans une grande église et dans un marché transformé pour l'occasion en cathédrale improvisée (page précédente).

Pendant la rencontre de Rome une prière a lieu avec le Pape Jean-Paul II à la basilique Saint-Pierre

Le dimanche 5 octobre 1986, le Pape Jean-Paul II a visité Taizé au cours d'un voyage en France. Il s'était déjà rendu deux fois à Taizé comme archevêque de Cracovie. Le Pape a participé à une prière dans l'Église de la Réconciliation, où l'attendaient des milliers de jeunes réunis autour de la communauté, puis il a rencontré les frères.

Paroles du Pape Jean-Paul II à la communauté :

"Chers frères, dans l'intimité toute familiale de cette brève rencontre, je voudrais vous exprimer mon affection et ma confiance avec ces simples mots, par lesquels le Pape Jean XXIII, qui vous aimait tant, saluait un jour frère Roger : "Ah, Taizé, ce petit printemps !."
Mon souhait est que le Seigneur vous garde comme un printemps qui éclate.
Sans que vous l'ayez cherché, vous avez vu venir à vous, par milliers, des jeunes de partout, attirés par votre prière communautaire. Comment ne pas penser que ces jeunes sont le cadeau et le moyen que le Seigneur vous donne pour vous stimuler à rester ensemble, dans la joie et la fraîcheur de votre don, comme un printemps pour tous ceux qui cherchent la vraie vie ?
Je ne l'oublie pas : dans sa vocation unique, originale et même, en un certain sens provisoire, votre communauté peut susciter l'étonnement et rencontrer l'incompréhension et le soupçon. Mais à cause de votre passion pour la réconciliation de tous les chrétiens en une communion plénière, à cause de votre amour de l'Église, vous saurez continuer, j'en suis sûr, à être disponibles à la volonté du Seigneur. En voulant être vous-mêmes une "parabole de communauté", vous aiderez tous ceux que vous rencontrez à être fidèles à leur appartenance ecclésiale qui est le fruit de leur éducation et de leur choix de conscience, mais aussi à entrer toujours plus profondément dans le mystère de la communion qu'est l'Église dans le dessein de Dieu. Par le Don qu'il fait à son Église, le Christ libère en effet en chaque chrétien les forces de l'amour et lui donne un cœur universel d'artisan de justice et de paix, capable d'unir à la contemplation une lutte évangélique pour la libération intégrale de l'homme, de tout l'homme et de tout homme.

Église, deviens ce que tu es en tes profondeurs: terre des vivants, terre de réconciliation, terre de simplicité.
Église, terre des vivants, ouvre les portes d'une vie intérieure: que tous soient non pas des demi-morts mais des vivants. Ouvre les portes de la joie: donne à pressentir la joie du ciel sur la terre par une ample prière méditative, rassemblant tous les âges, avec le chant qui ne finit point...
Église, sois terre de réconciliation. Il n'y aura jamais de vaste réveil des chrétiens s'ils ne vivent pas en réconciliés. Transfigurée par une réconciliation non remise à plus tard, tu seras ferment de confiance et de paix entre les peuples.

Depuis des années, des jeunes d'Europe de l'Est se rendent aux rencontres de Taizé. Depuis des années aussi, frère Roger et quelques frères vont animer des rencontres en Europe de l'Est mais sans qu'y soient invités des jeunes de l'Ouest. En 1987, pour la première fois une rencontre en Europe de l'Est est ouverte à des jeunes de l'Europe de l'Ouest, à Ljubljana en Yougoslavie. Dans les prières, les langues slaves l'emportent; polonais, slovène, serbocroate, macédonien. On entend aussi prier en hongrois, en russe, en albanais... En 1989, c'est au tour de la Hongrie d'accueillir une telle rencontre Est-Ouest.

Église, sois terre de simplicité. Les moyens simples soutiennent une communion. Les moyens forts font peur et arrachent à la confiance. N'oublie pas l'aspiration de tant d'êtres humains habités par la recherche d'une répartition plus équitable des biens matériels. L'injuste répartition est une des causes de conflits armés. Sois terre de partage, pour être aussi terre de paix.

Outre les rencontres européennes et les rencontres Est-Ouest, le pèlerinage de confiance sur la terre comporte aussi d'autres rassemblements : des rencontres dans des villes de divers continents, Montréal, New York, Santo Domingo, Bruxelles, Dublin, Madrid, Berlin-Est, Varsovie... ou bien des rencontres intercontinentales comme ici celle de Madras, où la prière est célébrée dans une "cathédrale" improvisée en bambou.

Si la fête s'effaçait du corps du Christ, l'Église, cet esprit de fête si vivant au tréfonds des peuples des continents du Sud, y aurait-il encore sur la terre un lieu de communion pour toute l'humanité ? Quand cette communion devient transparente par des réconciliations, le pardon, le combat pour aimer, plus rien en elle ne voile le reflet du visage du Ressuscité sur des visages humains. L'Esprit Saint veille en toi : trouée lumineuse jusque dans les nuits opaques. Et s'ouvrent les portes d'une communion. Y chercheras-tu l'élan pour te garder solidaire des blessures de la famille humaine ? N'aie pas peur, proche est la confiance, avec elle un bonheur.

Quelques dates :

1940 : Le 20 août, frère Roger, âgé de 25 ans, arrive à Taizé et choisit ce village pour implanter la communauté future. Seul pendant deux ans, il cache des réfugiés politiques, entre autres des Juifs.

1949 : A Pâques, dans l'église romane, engagements à vie des sept premiers frères dans le célibat et dans la vie commune.
1949 : A la suggestion du cardinal Gerlier, de Lyon, premier voyage à Rome, audience avec Pie XII.

1951 : Première fraternité de frères à l'extérieur de Taizé. Il y en aura peu à peu d'autres (non pas fondations mais présences provisoires) sur tous les continents, insérées parmi les plus pauvres.

1953 : Frère Roger achève la rédaction de la "règle de Taizé."

1958-1963 : Chaque année, audience avec Jean XXIII. La dernière reste une référence, notamment à cause de quelques paroles du Pape sur l'Église.

1959 : Des jeunes ayant commencé à venir en plus grand nombre, construction d'une maison d'accueil à 4 kilomètres. Il s'avèrera que c'est trop loin et qu'il faut rapprocher l'accueil.

1960 et 1961 : Pour la première fois depuis la Réforme, à l'invitation de Taizé, rencontres d'évêques catholiques et de pasteurs protestants. Ils passent trois jours sur la colline.

1962 : Inauguration de l'église de la Réconciliation. Neuf ans plus tard, il faudra en abattre le mur arrière et ajouter un chapiteau pour l'agrandir.
1962 : Première visite d'un frère en Allemagne de l'Est.

1962 à 1965 : Invitation à participer au Concile Vatican II, quelques frères passent trois mois par an à Rome.

1963 : Paul VI devient pape, il a des relations avec Taizé depuis presque quinze ans.

1966 : Des jeunes de plus en plus nombreux à Taizé, premier rassemblement international.

1966 : Les sœurs de Saint-André, communauté catholique internationale fondée au XIIIe siècle, s'installent à Taizé pour aider à l'accueil.

1968 : Six frères à l'Assemblée générale du Conseil œcuménique des Églises à Upsala.

1969 : Désormais, la communauté compte des frères catholiques.
1969 : Frère Roger insère des pages de son journal dans "Violence des pacifiques." Ensuite, il publiera tous les deux-trois ans un volume de son journal. (Ta fête soit sans fin, Lutte et contemplation, Vivre l'inespéré, Étonnement d'un amour, Fleurissent tes déserts, Passion d'une attente.)

1970 : A Pâques, annonce du concile des jeunes. Voyages de jeunes sur les cinq continents. Les rencontres de jeunes d'une durée d'une semaine s'étalent peu à peu sur toute l'année, même en hiver.

1973 : Première rencontre de jeunes en Pologne.
1973 : L'archevêque de Canterbury, Michael Ramsay, à Taizé.

1974 : Ouverture du concile des jeunes. Le Pape, le patriarche de Constantinople, l'archevêque de Canterbury, diverses églises protestantes envoient un représentant.

1975 : Frère Roger au Chili, au lendemain du coup d'État.

1976 : Séjour dans un quartier pauvre de Calcutta, frère Roger et une équipe intercontinentale y écrivent une "lettre au peuple de Dieu" sur le partage. Il y aura ensuite une lettre de frère Roger chaque année.

1977 : "Lettre à toutes les générations" écrite au milieu d'une population pauvre habitant dans des jonques sur le mer de Chine.

1978 : "Lettre d'Afrique" écrite dans un bidonville au Kenya. Première rencontre européenne à Paris. Dès lors, une rencontre européenne rassemble 20 à 30.000 jeunes chaque année alternativement à Rome, Londres, Paris, Barcelone, Cologne.

1979 : "Itinéraire d'un pèlerin," écrit pendant un séjour avec des pauvres au Chili. Le "concile des jeunes" mis en veilleuse. Il sera remplacé par un pèlerinage de confiance sur la terre animé par des jeunes, mais ouvert à toutes les générations.

1980 : Rencontres de jeunes aux États-Unis (New York, Washington) et au Canada (Montréal, Ottawa, Toronto). Première rencontre de jeunes en Allemagne de l'Est.

1980 : Rencontre européenne à Rome avec 25.000 jeunes. Prière à Saint-Pierre avec le Pape Jean-Paul II. "Lettre d'Italie."

1981 : "Lettre de Varsovie." Frère Roger projette d'aller en Pologne pour Noël. Mais les frontières sont subitement fermées le 13 décembre. Les mille Polonais inscrits à la rencontre européenne de Londres ne peuvent pas s'y rendre.

1982 : Séjour au Liban. Début du pèlerinage de confiance sur la terre. "Lettre des catacombes."

1983 : Rencontre de jeunes à Madrid ; frère Roger avec des enfants y rencontre les ambassadeurs d'Union Soviétique et des États-Unis et leur remet un appel pour la paix.
1983 : "Lettre de Haïti," après un séjour dans un bidonville de Port-au-Prince.
1983 : A Taizé, mère Teresa et frère Roger lancent un appel commun à la solidarité et à la réconciliation.

1984 : Séjour au Sahel. "Lettre du désert."

1985 : Avec des enfants des cinq continents, frère Roger va remettre au secrétaire général des Nations-Unies, J. Perez de Cuellar, six questions des jeunes sur la paix et le désarmement mondial.

1985 : Rencontre intercontinentale à Madras (Inde), avec des milliers de jeunes de 45 pays. "Lettre de Madras."

1986 : Jean-Paul II à Taizé : "Je voudrais vous exprimer mon affection et ma confiance avec ces simples mots par lesquels le pape Jean XXIII, qui vous aimait tant, saluait un jour frère Roger : Ah, Taizé, ce petit printemps... !" Et Jean-Paul II ajoute encore : "On passe à Taizé comme on passe près d'une source."

1986 : Rencontres de jeunes à Berlin-Est et à Varsovie.

1986 : Rencontre européenne à Londres. 19.000 jeunes traversent la Manche en une nuit.

1987 : Du 1er au 3 mai, en Yougoslavie, première rencontre européenne Est-Ouest.

1987 : De juin à septembre 13 rencontres intercontinentales, 40.000 jeunes de 97 nations à Taizé.

1987 : Rencontre européenne à Rome, 24.000 jeunes dont 5.000 d'Europe de l'Est. "Lettre d'Éthiopie."

1988 : De mars à novembre, 33 rencontres intercontinentales. Après un temps de préparation à Taizé, des jeunes des continents du Sud vont visiter des paroisses européennes.

1988 : Nouvelle rencontre de frère Roger avec le secrétaire général des Nations-Unies pour lui remettre des suggestions de jeunes.

1988 : Frère Roger reçoit le Prix UNESCO 1988 de l'Éducation pour la paix.

1988 : Rencontre intercontinentale à Madras et rencontre européenne à Paris. "Lettre de Russie."

1989 : Taizé envoie un million de nouveaux testaments en russe à l'Église orthodoxe de Russie.

1989 : Rencontre européenne Est-Ouest en Hongrie.

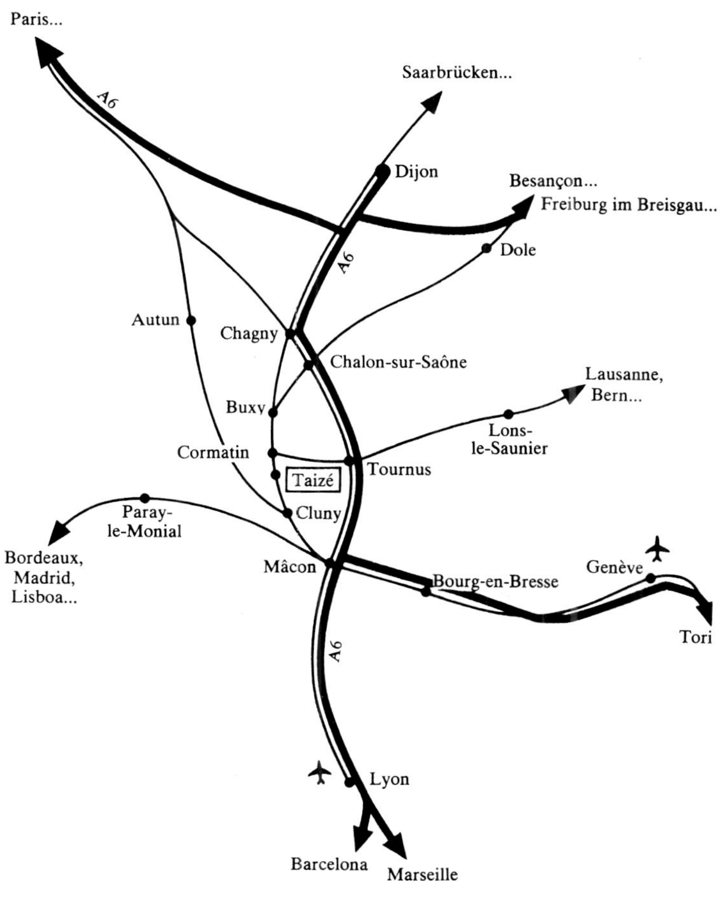

D'autres textes et images sur Taizé

C'est dans l'hiver 1952-1953 que frère Roger achève la "Règle de Taizé." Il en avait écrit les premiers linéaments, lorsqu'il était encore seul à Taizé, dans une petite brochure publiée en 1941. Puis, il a souhaité que la communauté ait une dizaine d'années d'existence et d'expérience avant de rédiger la "Règle" où il indique à ses frères "l'essentiel permettant la vie commune." Elle est aujourd'hui publiée, avec trois lettres de la même veine écrites aux jeunes beaucoup plus tard, sous le titre "Les Sources de Taizé" (Les Presses de Taizé, distribution Le Seuil).

Entre 1958 et 1968, frère Roger écrit une première série de livres qui sont tous épuisés mais dont certains titres demeurent comme de petits mots d'ordre: "Vivre l'aujourd'hui de Dieu," "L'unité, espérance de vie," "Dynamique du provisoire," "Unanimité dans le pluralisme" (qui fut pour un temps un commentaire et une actualisation de la "Règle"), "Violence des pacifiques." Ces livres sont de plus en plus inspirés par un dialogue quotidien avec des jeunes en nombre croissant. Ils prennent peu à peu la forme de notes écrites au jour le jour.

"Ta fête soit sans fin" (1971) est le premier volume du Journal de frère Roger. Paraissent ensuite, tous les deux ou trois ans: "Lutte et contemplation," "Vivre l'inespéré," "Étonnement d'un amour," "Fleurissent tes déserts," "Passion d'une attente." Les pages de journal y alternent avec des dialogues, des textes de réflexion, certaines des prières que frère Roger écrit chaque jour pour la prière commune de midi (édition ou diffusion: Le Seuil).

Un choix des textes les plus importants de ces deux séries de livres a paru sous le titre "Son amour est un feu," on y trouve en un petit ouvrage l'essentiel de la pensée du fondateur de Taizé (Les Presses de Taizé, diffusion Le Seuil).

Après avoir rencontré plusieurs fois mère Teresa à Calcutta, à Taizé, à Rome, frère Roger a écrit en commun avec elle "Le chemin de croix" et "Marie, mère de réconciliations" (Le Centurion).

A la fin de chaque année, frère Roger adresse une lettre aux jeunes, généralement à partir d'un lieu de pauvreté où il vit quelque temps. Traduites en 26 langues, ces lettres servent de base, pendant un an, à la réflexion des rencontres intercontinentales à Taizé et du pèlerinage de confiance sur la terre. Chacune des dernières a été publiée en un petit fascicule: "Lettre du désert," "Lettre de Madras," "Lettre des sources" et "Lettre d'Éthiopie." Dans la même série: un récit de la visite du pape Jean-Paul II à Taizé sous le titre "On passe à Taizé comme on passe près d'une source" (Les Presses de Taizé).

•

Une histoire détaillée de la vie de frère Roger, de la communauté et des rencontres de jeunes a été écrite par Kathryn Spink, auteur anglais qui a aussi publié des biographies de Jean XXIII, Jean-Paul II et mère Teresa: "Frère Roger de Taizé" (Le Seuil).

Fruit d'une collaboration entre des jeunes de plusieurs continents et quelques frères de la communauté, un livre raconte comment Taizé est devenu, autour d'une communauté d'essence monastique, un carrefour non seulement européen, mais intercontinental: "Taizé et les jeunes" (Le Centurion).

Un rapide survol de l'histoire et de la vie de la communauté, de l'accueil des jeunes de tous les continents, de la recherche faite avec eux pour allier vie intérieure et solidarités humaines, se trouve dans un cahier illustré de photos en couleur: "Taizé, un pèlerinage de confiance sur la terre" (Les Presses de Taizé).

La "Lettre de Taizé," publiée tous les deux mois en français et en plusieurs autres langues, offre en huit pages des récits, des nouvelles du pèlerinage de confiance sur la terre, des suggestions de réflexion pour les groupes, les communautés paroissiales, les mouvements, des textes de méditation, un texte biblique pour chaque jour (Les Presses de Taizé).

A partir de l'expérience de Taizé, le livret "Prier ensemble" propose des éléments simples de prière, des psaumes et des textes bibliques, des chants. Ces éléments peuvent être utilisés de diverses manières pour la prière commune d'un petit groupe, pour une méditation personnelle, pour la célébration dominicale d'une paroisse (Le Centurion). Il existe aussi un petit recueil des principaux "Chants de Taizé" (Les Presses de Taizé).

•

Un montage audiovisuel présente l'histoire et la vie de Taizé (Auvidis). Ce même éditeur assure la distribution des cassettes et des compact-disques contenant les chants de Taizé.

On peut écouter sur une cassette frère Roger interrogé par un journaliste: "Rencontre avec frère Roger" (La Vie).

Achevé d'imprimer en Mars 1989 sur les presses de l'imprimerie Freiburger Graphische Betriebe, R.F.A. Dépôt légal Mars 1989.